La ingravidez que somos
Antonio Ríos

Colección Baños del Carmen

Antonio Ríos

La ingravidez
que somos

XI Premio Internacional de Poesía
Covibar-Ciudad de Rivas

EDICIONES VITRUVIO
Colección Baños del Carmen,
nº 986

www.edicionesvitruvio.com

Un jurado compuesto por Eugenio Rivera, Silvia Roa y Pablo Méndez decidió conceder el premio de poesía Covibar-Ciudad de Rivas a *La ingravidez que somos* de Antonio Ríos.

Primera edición, 2024

© Ediciones Vitruvio
C/ Menorca, nº 44
28009
Madrid
Tlf: 91 573 21 86

ediciones vitruvio, nº 1. 626
ISBN: 978-84-127938-6-4

La ingravidez que somos

A mi centro de gravedad permanente:
Alicia.

TEORÍA DEL TODO
o nota flotante a modo de introducción

Los alquimistas medievales consideraban el fuego, la tierra, el agua y el aire los cuatro elementos primordiales con los que explicar los designios y patrones de la naturaleza. Cuatro son también las fuerzas o interacciones fundamentales —la energía nuclear fuerte, la energía nuclear débil, la energía electromagnética y la energía gravitacional— mediante las cuales la Física trata actualmente de decodificar los comportamientos que rigen y gobiernan la materia y el espacio-tiempo, la realidad que nos abarca. Y uniendo todo ello en armónica comunión, sosteniéndolo con sus hilos invisibles, se vislumbra, se intuye una quintaesencia: el éter o energía oscura...

Existir acaso sea flotar, ingrávidos, como náufragos solitarios a los que mecen y guían dichos elementos, tales interacciones, los vientos del caos, la esperanza, el amor, la conciencia y la fe, hacia las orillas vírgenes de nuestros propios destinos.

Dime, di que me buscas.
Tengo miedo de ser náufrago solitario,
miedo de que me ignores
como al náufrago ignoran los vientos que le baten,
las nebulosas últimas, que, sin ver, le contemplan.

Dámaso Alonso

MOMENTO CERO
o el peso con que cargamos

SIN TÍTULO

Lanza el destino sus dados.

Acaso sed,
                río acaso,

pudieran ser

nubes,
lodos.

La ingravidez que somos:

el peso con que cargamos.

PRIMERA INTERACCIÓN FUNDAMENTAL
o geografías de escarcha

Y SUPIMOS DEL FUEGO

A Olalla Castro,
antes de que acabe el mundo
(otra vez).

Chasquido de rocas:
el primer incendio.

Nuestra historia es una herida
que no sabemos cerrar.

Más allá de nuestros ojos,
bajo las prepirenaicas líneas
          de nuestras manos,
                    tras nuestra huella,

el viento observa   paciente y mudo.

Pero una tarde cualquiera
se curvarán los abedules,
la niebla pastará
                    libre
                         en las costas,
brotarán los juncos en la avenida gris,

          será el gorjeo de una alondra
la última canción del mundo.

GÉNESIS, 3:24

Al caer la tarde
el predicador se desliza desnudo
entre los fríos glaciares que abarcan
su copa de melancolía.

Geografías de escarcha.

Algunas oraciones no pueden pronunciarse
sin que el vértigo asome
su falsete quebrado,
sin que un sordo silencio
      con
    tor
       sio
     ne
los huesos del alma.

Hay noches sin luna.
Y hay mares en llamas.

LA VERGÜENZA

Los violines de la Wallace Hartley Band
ya comienzan a afinar
sus decadencias.

Hay momentos,
lo confieso,
          en que pienso
en las formas más honestas
y elegantes de matarte
sin que hayas de morir,
sin que, por ello,
una gota de tu sangre se derrame,
                    se desarme
sobre un suelo enmoquetado.

Que te guiñe un huracán
su ojo,
ciego de olvidos.
Que ante tus pies el camino
se torne arena movediza.
Que no escuches más que el ruido
de los huesos de tu voz
al quebrarse en cada letra,
cada sílaba que trates
de robarle al firmamento.
Que tus sueños se suiciden,
que naufraguen en el mar
sin fondo de tu lamento.
Que tu alma sea alimento
de voraces tempestades.

Lo confieso,

hay momentos
en que quisiera matarte
un poco, apenas
lo justo
para que ignore la historia
        tu presencia
        —invisible—.

                    Ya viste el cielo de negro
                    en este infierno, llueven
                        las bombas. Fuego.
                            Vergüenza.

                            Ya reza Dios
                            en silencio.

INCENDIO DE AZULES

Crepita el mar, impaciente,
su vasto incendio de azules.
Un eco insomne de estrellas
serpentea en el espejo
de sus aguas, son jazmines
que eclosionan su perfume
de luz y sal, un desfile
de galaxias primigenias.

En tierra, entierra en olvidos
su timón el capitán.
Todo cuanto ha pretendido
surcar no es más que la huella
de sus sueños, ser del viento
promesa que desvelar.

Late. No cesa su pulso,
su compás, su melodía
—murmullo de caracola—.
Son prisioneras las olas,
no saben desancorar
la resaca de sus alas.

Y llora

la mar.

SCHIPHOL

En un extremo de la barra de *La Vie*,
sentado en un taburete de piel de búfalo
(acolchado)
un señor de ojos blancos eyacula
en silencio
mientras una joven desnuda
de tez caucásica
cabalga sobre sus hombros,
con sus pezones de neón rosado
enhiestos,
dirigiendo su luz a una bóveda de sombras
y enterrando las imágenes últimas,
la mirada ya sin vida del caballero,
en la fosa común de su vagina.
En la calle,
los gatos lloran al contemplar
su trémulo reflejo tatuado
sobre lagunas de orín.
Las cortinas
de terciopelo carmín
censuran los efluvios de la sordidez.
La *cannabis sativa* eclosiona,
secuestrando el aire con su delirio.
Las prostitutas del barrio rojo
saben bien que sus sonrisas
son mentiras
que siempre dicen la verdad.

Y amanece.
Las campanas de la *Oude Kerk* repican
su himno de alabanzas.
Sobre una cruz reposa el cardenillo
en que se posa, de luto, un cuervo.

Su graznido, brasa de huesos,
te recuerda que ha llegado el momento
—como una causalidad,
como gracia que abrazas,
como un anhelo—
de regresar,
con tu equipaje de asombros,
a casa.

SEGUNDA INTERACCIÓN
FUNDAMENTAL
o mi más preciada utopía

ΜΟΥΣΑ

Acumulo constelaciones en mis párpados de mármol.

Incendios de papel
                            y tinta.
Palabras.

Gotas de luz en la memoria.

        Sonámbulo el sueño de la noche,
como ambrosía lejana y clemente.

A veces,
            cuando el petirrojo posa sus alas
sobre las lindes del aire,

tus labios de brisa son

mi más preciada utopía.

EL TEMBLOR

Horizontes verticales,
yo os invoco: amamantadme;
como puntas de icebergs,
sed preludio del Temblor.

Un Temblor que resquebraje
los cimientos de la noche,
como una puesta de luna
sobre un mar de ingravidez.

Temblor que la sed ahogue,
que del viento sea canción,
un eclipse de infinitos,
un crujido de emociones.

Quiero ser premonición
de tus ecos, prisionero
de tus alas, ser las flores
que dispare tu fusil.

En tus venas nuestro pulso:

Oh, Temblor, hazte sentir.

ACTO POÉTICO

Escribe

como si nadie te leyera,
como si nadie más quisiera
saborear
tus apetencias
con la palabra que, desnuda
y sobre sábanas de Holanda,
gozosa, te abre sus piernas
tentándote a traspasar
su horizonte de sucesos.

La meta es
            el camino.

Tu soledad a tu lado
(no estás solo). Solo escribe.
Hazlo por ti,
por los versos
que ya, blastocistos, sueñan
en el vientre de tus musas
nacer poema y besar
la certeza de aprender
a caminar de tu mano.

La poesía es un acto

de defensa personal.

OROGRAFÍAS

A Javier Gilabert,
generosa la sombra de su árbol.

La belleza
es
la imposibilidad de lo imposible,
me dices

y en tu mano anidan, ligeros,
varios pétalos de jazmín
blancos
como lágrimas de nieve fresca
que aproximas, sin mácula, a mi rostro.

Inhala su aroma fractal,
que repose su sexo invisible en tus labios.
Desnúdate,
me dices

y sé que un poema no es
sino la pira funeraria del lenguaje,
exequias,
la orilla última a la que acuden
—oh, solemnes cetáceos—
a desangrarse y morir
de tanta vida las palabras.

Y ahora, tú, que conoces
de las galaxias su anhelo,
su luz irreversible,
dejaré que me devores,
dejaré que me conviertas
en tu más fiel espejismo,
me dices

y, en silencio,

las montañas

se han comenzado a mover.

INFLEXIÓN

Cruje la luz:
una falla en la sombra.
Ya no soy yo.

TERCERA INTERACCIÓN FUNDAMENTAL
o me refiero a tus pupilas

DEL BESO Y SUS COSMOGÓNICAS CONSECUENCIAS

Cuando posas tus labios en mis labios
tuyos
invoco la génesis del orbe.

Aludes de mercurio,
volcanes de luz en erupción,
ninfas en celo,
conticinio coral,
lluvia de ángeles
y yo,
astronauta enraizado
al cordón umbilical que me anexa,
vernáculo, a tu boca
—como nube a su sombra,
como hontanar a su río—.

Invocas los orígenes del cosmos
cuando poso mis labios en tus labios
míos.

EN MI UNIVERSO OBSERVABLE EXISTE

El Complejo de Supercúmulos Piscis-Cetus en el que existe
el Supercúmulo de Laniakea en el que existe
el lóbulo del Supercúmulo de Virgo en el que existe
el Grupo Local en el que existe
la Vía Láctea en la que existe
el Brazo de Orión en el que existe
el Sistema Solar en el que existe
el planeta Tierra en el que existe
el continente de Europa en el que existe
el país de España en el que existe
la región de Andalucía en la que existe
la provincia de Málaga en la que existe
la ciudad de Estepona en la que existe
un hogar en el que existe
una mujer en la que existe
un ojo en el que existe
una pupila en la que existe
un reflejo en el que existo
yo.

NOCTURNO

Amor mío, en la noche las estrellas son eco
de un fulgor primitivo, son cenizas de luz.
Se desnuda la luna. Su vestido de azules
se evapora en el cielo. Un espejo es el mar.
Oh, la mar, patria antigua, incesante latido.

        Amor mío, saber
                que me eres infiel...

¡Ah, mas conmigo!

ÁTOMO DE CESIO EN REPOSO A UNA TEMPERATURA DE 0 GRADOS KELVIN

Me refiero a tus pupilas.
Me refiero
a los pétalos de luz de tus cabellos.
Me refiero a la elegancia
de tu busto,
al desvelo
de mis labios en el vértice vulvar
de tu secreto.
Me refiero al terciopelo
de tu mano
que me erige.
Me refiero a la eclosión
del incendio:
soy deshielo.
Me refiero a los jardines
de tu voz
            —aullido en flor—.
Me refiero al infinito,
a ese instante me refiero.

A TU (MI) VENTURA

Ya solo me interesa tu sonrisa,
su esbelta precisión, su curvatura.
No invoco más edén que la mesura
que enjoya de tus labios la cornisa.

Tu dicha me alimenta. La precisa
luciérnaga en tu rostro, la blancura
que robas a los astros. Mi armadura:
tu huella virginal —oreo, brisa—.

Permíteme extirpar cada rugido,
el vértigo abisal de cada pena
que brote, como lava, en tu latido.

Permíteme ser pecio de tu arena,
que muera por vivir en ti embebido.
¡Oh, mares! ¡Oh, naufragios! Luna llena.

CUARTA INTERACCIÓN FUNDAMENTAL
o he llegado al instante

LA CIMA

No muy lejos, dos perros
ladran sus decepciones.

Una nube de lino,
con su gélido cuerpo,
acaricia la cima
                    de la montaña.

Y a mis pies un riachuelo.
Una trucha se bate
contra el peso impasible
de unas aguas que vuelan,
con su tenue murmullo,
hacia un cielo de sales.

He llegado al instante
—pienso mientras vislumbro
a un zorzal dolorido
que dedica su canto
a una hoja que boga,
galeón amarillo,
con su lento naufragio
por el húmedo manto—
en que aprendes que, acaso,
es la vida un fluir
                    y fluir
                            y fluir
                                    y fluir...
Y en lo alto,
        solo la nube sabe
        por qué brillan los astros.

LECCIONES DE ANATOMÍA

A las bacterias de tu estómago
les importa un reverendo
—seré educado—
excremento
si el *bitcoin* continúa
                    en
                         caída
o el domingo darán lluvias
de 20 litros por metro
cuadrado
en Pozo Alcón,
Jaén.

Finas capas de tu piel
se desbordan en el viento
y danzando como átomos
de estrellas
son incienso,
son océanos de soles
tubulares
que a través
de persianas nos desvelan
su inefable geografía.

Además, están las hebras
de cabello,
cadavéricas,
que yacen sin consuelo
a la orilla de tus hombros.

¿Quiénes somos? ¿Cuántos somos?
Proindivisos en el cuerpo.

Cada vez que una pestaña,
con razones desabridas,
asomada a las cornisas
de unos ojos
se decanta
por saltar al precipicio
de sus párpados,
herida,
pienso en el sutil regalo,
en el arcano proceso
de ir muriendo
que es la vida.

Yo contengo multitudes,
que diría Mr. Whitman.

I'VE SEEN THE FUTURE, BROTHER: IT IS MURDER

Mientras buscas aparcamiento piensas
cuándo fue la última vez que viste la nieve,
que tocaste el blancor de ese agua cristalizada.
En la radio del vehículo un señor especula
con la posibilidad, cada vez más violenta,
de que un tsunami sin precedentes anegue
las costas occidentales andaluzas;
no le prestas atención
—como a todo lo que supones ajeno,   lejano—
pero en su tono de voz pausado y subterráneo
parecieras oír al mismísimo Leonard Cohen.
Y sonríes
y comienzas a tararear *The Future* y es entonces,
después de varias decenas de vueltas a la manzana,
cuando adviertes que no tienes coche,
siquiera sabes conducir.

Vivir
es inventar finales
                 alternativos
                 a la muerte.

X = Σ

La sumatoria de todos nuestros instantes:
eso somos.

Sedimentos,
credenciales,
el reflejo en los espejos,
húmedos y titilantes,
del lago de nuestros pasos.

Cada esquina que doblamos,
cada beso que no dimos,
los vasos en que vertimos
nuestro olvido,
cada hora
que —con su olor a azahar,
sus labios carmín y un velo
de novia—
nos ve pasar
por los altares del tiempo.

Todo aquello cuanto hacemos
(y no hacemos)
nos abarca,
nos define,
d–e–l–i–m–i–t–a
nuestra piel.

La vida:
una ecuación
que intentamos, a escondidas,
resolver.

INCOMPLETA COLECCIÓN DE DESPEDIDAS

Tony Soprano sabía
que, tarde o temprano, los patos
volarían lejos,
libres.

¿Acaso no es esta vida
      una constante   despedida?

El reloj en la pared
marca las diez de la noche
y escuchas como un vehículo
acelera en una recta.
Conservas en la nevera
tres yogures caducados.
No sabes por qué recuerdas
con vívida precisión
el número de teléfono
de la casa que tus padres
vendieron
cuando a tus quince
eras feliz, a pesar,
de ignorar el punto 1,
              artículo 38,
                Ley del IRPF.

Todo es mentira, ¿verdad?

Te parece inoportuno
preguntarle a tu doctora
si ella cree
en la existencia de algún Dios
y te dices
que, en el fondo,

no rendirse
es una forma de arte.

Inhalas.
Exhalas.
Repites.

QUINTAESENCIA
o un océano de nubes germina
en el horizonte

TURBULENCIAS

La amable azafata posa en el suelo un chaleco salvavidas que,
segundos después,
se enfundará con elegancia.
Tiene el pelo recogido,
largas uñas de gel
y una mirada que huele a mar.
Intento memorizar cada gesto, cada paso
—coreografía del desastre—
que, en caso de amerizaje o aterrizaje forzoso,
condicionen la balanza:

Ante una pérdida de presión
colóquese bien la máscara
e ignore a los niños,
en cuestiones de oxígeno, usted tiene prioridad;

Si hubiera que realizar una evacuación,
los senderos luminosos del suelo le guiarán,
cual camino de baldosas amarillas,
hacia las salidas de emergencia;

No tiene más que tirar de su anilla con firmeza
—de vuelta al chaleco, que encontrará bajo su asiento—,
¡nunca dentro del avión! O,
si prefiere usar sus pulmones, sople aquí. *
  [*La señorita golpea delicadamente, dos veces y con su dedo índice,
                  un pequeño tubo rojo].

Y entonces,
como arenga que recibe un soldado,
como opiáceo contra un dolor primitivo,
me reconozco, me siento
…libre…liviano…bendecido…

Supe leer
entre las líneas de los ojos color cielo
de la afable y competente tripulante de cabina:
Tratándose de vivir, siga bien las instrucciones.
¿Para qué tentar la suerte?

Un océano de nubes germina en el horizonte.
Clausuro mis párpados muy lentamente.

Sueño:

es la muerte un simulacro   disfrazado de accidente.

LA NADA

A mi juicio,
la Nada es marmórea,
huele a niebla y,
por alguna extraña razón,
su mirada se me antoja
triste,
como agujero negro,
como prehistórica cueva
donde la luz
no es sino un eco
en infinito silencio.

La Nada es la sombra
que proyecta tu sombra
cuando la luna
se asoma a tus pasos.

La Nada es el tiempo
que no te queda,
las bocas
no devoradas,
las huellas
que Dios borró
para que dudes con firmeza
que no existe,
un calibre 32
apuntando a tu cabeza.

También eres
~~todo aquello que no fuiste~~.

INESCRUTABLES

De esta apostasía en que yergues tus altares

no quedará sino el bostezo
de otra imberbe letanía,

la llaga abierta del crepúsculo
sobre pétalos de jacaranda

y empaladas a su cruz
                    tus pupilas abisales.

Pero querrías asir el viento,
abarcar su geometría,
            su danza incandescente.

            Aun entonces
no entenderías que el fuego
es más que un vasto páramo
de luciérnagas disecadas.

Un asombro del que los mapas
no esculpirán su huella tenue.

Y quizás esto sea todo.

                    Todo aquello cuanto los dioses
                    convinieron suficiente.

4 8 15 16 23 42

Te santiguas.
Introduces el código.

/Dios es un bien de primera necesidad/.

En su búnker
—algunos lo llaman cuerpo—
el alma trata de descifrar
las proporciones áureas que orbitan,
como galaxias pretéritas,
el envés de una mirada.

Hay segundos que pesan un siglo.

El alma aprende a esperar,
a deshojar las cuajadas
de arena que en los relojes
del viento pierden la fe.

Cualquiera vive, al final
y por si acaso,
la vida fuese real,
no solo un sueño

(que también).

INSERT COIN

Te dirán que la causa es el veneno;

sin embargo,
yo me inclino a creer

que por diversos motivos
de índole espiritual
—acaso místicos—
las cucarachas gustan de morir mirando al cielo.

Así la vida.
Así la fe.
Así este juego.

Sécate las lágrimas y mira el fin con serenidad.
Ingmar Bergman

ÍNDICE

Ediciones Vitruvio

Colección Baños del Carmen

Últimos libros publicados:

La casa encendida, de Luis Rosales

Trauermarsch, de Antonio Mariñez

La forma del viento, de Patricia
Iniesto de Miguel

Las tablas, de Leo Segado

Revelación del gesto, de José Ángel
García

Que el filtro de la luz no se atasque,
de José Serna Andrés

Notas a pie de página, de Julian
Borao

El ciclo de los pájaros, de Jim
Medina

Rival del sol, poesía completa, de
Miguel Hernández

Escalando el muro, de Javier
Olalde

Almas entrelazadas, de José
Eduardo Mohedano

Mientras respiro, de María José
Pérez Grange

Raíz del corazón, de Modesto
González Lucas

Mitosis, de Domingo Luis
Hernández

Canto natural, de Juan Pedro
Carrasco García

21 de marzo, de Cova Sánchez-
Talón

Imago Amoris, de Eduardo
Martínez y Hernández

Casquería romántica, de Oscar
Magadán

Existir en voz baja, de Luis Oroz

Lugares y límites, de Sonia María
Riera Gata

Iconos, de Pedro López Lara

Diarios de la peste en Nueva York,
de Sergio Colina Martín

Onírico mundo, de Pepa Miranda